COMPRENDRE LA LITTÉRATURE

MOLIÈRE

Amphitryon

Étude de l'œuvre

© Comprendre la littérature.

22 rue Gabrielle Josserand - 93500 Pantin.

ISBN 978-2-7593-0386-1

Dépôt légal : Juin 2023

Impression Books on Demand GmbH

In de Tarpen 42

22848 Norderstedt, Allemagne

SOMMAIRE

- Biographie de Molière.. 9

- Présentation de *Amphitryon*...................................... 13

- Résumé de la pièce... 17

- Les raisons du succès... 25

- Les thèmes principaux.. 29

- Étude du mouvement littéraire.................................... 33

- Dans la même collection... 37

BIOGRAPHIE DE MOLIÈRE

Jean-Baptiste Poquelin naît à Paris, à St Eustache le 15 Janvier 1622. Il est le fils de Marie Cressier, 20 ans et de Jean Poquelin, 25 ans, tapissier. En 1631, Jean Poquelin achète un office de tapissier et de valet de chambre du roi. Alors qu'il n'a que 10 ans, Jean-Baptiste Poquelin perd sa mère. Son père se remariera un an plus tard et aura trois filles de cette union.

Il fait ses études chez les Jésuites jusqu'à ses 17 ans, par la suite, il poursuit son droit à Orléans. Il ira jusqu'à la licence. En 1643, il renonce à la charge de tapissier comme le prévoyait son père et fonde avec Madeleine Béjart, L'Illustre-Théâtre. Il devient alors Molière.

Malheureusement, la troupe est un échec financier et Molière est même emprisonné pour dettes à deux reprises en 1645. Comme il n'a pas sa place à Paris et parce qu'il gêne la Troupe du Roi, Molière et son Illustre-Théâtre partent parcourir la province. Il y restera une dizaine d'années.

La première pièce de Molière, *L'Etourdi*, est donnée à Lyon entre 1653 et 1655. Le Prince de Conti devient alors le mécène de la Troupe. Cette protection ne dure cependant qu'une année puisque le Prince se tourne ensuite vers la religion. Il regagne Paris accompagné des Béjart, en 1658. Le succès de *L'Etourdi* et du *Dépit Amoureux* attire l'attention de Monsieur, frère du Roi. Ils sont désormais sous sa protection. La Troupe s'installe au Petit-Bourbon et cohabite avec des Italiens jouant de la Commedia dell'arte. L'année suivante, ils jouent *Les Précieuses Ridicules*. Molière se moque des tentatives de raffinement des femmes de la haute société de son époque et en particulier du livre de Mme de Scudéry. La pièce est un succès et propulse dans la foulée son auteur en directeur de théâtre et met en évidence sa tendance à polémiquer. En 1660, la troupe rejoint le théâtre du Palais Royal avec la troupe de comédiens italiens. Molière s'inspire de leur technique et en particulier de celles d'Arlequin et de

Scaramouche que l'on retrouve par la suite dans les personnages et les actes de ses pièces, et notamment dans *Sganarelle ou Le Cocu Imaginaire*. L'année suivante, Molière tente de plaire à la Cour avec une comédie héroïque, *Dom Garcie de Navarre*, mais sans succès, il retourne à la farce avec *L'Ecole des Maris* où on retrouve le personnage de Sganarelle, et *Le Misanthrope*. La troupe joue devant Fouquet à Vaux le Vicomte.

Molière épouse Armande Béjart qui serait la fille ou la sœur de Madeleine. Par la suite, Molière se fait de nombreux ennemis en sortant du théâtre dit classique et en se moquant volontairement de ses détracteurs. Il reste cependant dans les faveurs du Roi. Il écrit en 1664, *Le Tartuffe*, mais le thème de l'hypocrisie religieuse ne plaît pas et la pièce est interdite. Molière doit ainsi la retravailler. La même année, il a un fils, Louis. Entre 1665 et 1666, Molière écrit et joue *Dom Juan ou le festin de pierre* qui fit scandale par ses mœurs libres et *Le Médecin malgré lui* qui connut un grand succès. Après avoir été malade, il écrit 3 nouvelles comédies : *Amphitryon*, *George Dandin* et *L'Avare* (1668). En 1669, *Le Tartuffe* est enfin joué dans sa version définitive. Il collabore également avec Lully dans une comédie-ballet, *Monsieur de Pourceaugnac*. L'année suivante, il écrit *Les Amants Magnifiques*, une commande du Roi, puis *Le Bourgeois Gentilhomme*. Puis, en 1672, il écrit *Les Femmes savantes*, comédie, puisque les comédies-ballets sont suspendues par arrêté. En 1674, il rédige et joue le rôle principal du *Malade imaginaire*. Le 17 février, lors de la 4ème représentation, il est pris d'un malaise. Il meurt chez lui de la tuberculose. Conformément à l'époque, les acteurs ne pouvaient pas être inhumés au cimetière et Armande Béjart dut demander au Roi d'intervenir. Molière put être enterré au cimetière et demeure aujourd'hui au Père Lachaise.

PRÉSENTATION DE AMPHITRYON

Amphitryon est une comédie représentée pour la première fois à Paris sur le théâtre du Palais-Royal le 13 janvier 1668 par la Troupe du Roi. Elle est découpée en trois actes. Molière emprunte son thème à Plaute, même s'il s'agit d'un sujet à la mode, puisque Rotrou joue en 1636, avec succès, *Les Sosies* et le Théâtre du marais a, quant à lui, joué *La Naissance d'Hercule*. Ces pièces sont, ce que l'on appelle, des pièces à machine, c'est-à-dire qu'elles utilisent des machines pour créer des effets : un dieu suspendu dans les airs, des nuages qui bougent. Ce principe vient du théâtre antique.

Jupiter, amoureux d'Alcmène, une mortelle, descend sur Terre pour la séduire. Afin d'arriver à son but, il prend l'apparence d'Amphitryon, son mari. Mercure, pour l'aider, prend le visage de Sosie, son valet. A travers cette histoire où les dieux sèment le trouble parmi les humains on retrouve aisément l'atmosphère galante qui règne à la Cour à l'époque de Molière. Jupiter n'est d'ailleurs pas sans rappeler Louis XIV en personne.

RÉSUMÉ DE LA PIÈCE

PROLOGUE

Mercure discute avec la Nuit. Il se sent las de toutes les missions de Jupiter. Il explique que Jupiter veut séduire une mortelle, Alcmène et que pour se faire, il a pris l'apparence de son époux, Amphitryon. Ils débattent ainsi des agissements de Jupiter et de ses méthodes pour parvenir à l'amour.

ACTE I

Scène 1

En pleine nuit, Sosie, le valet d'Amphitryon, doit annoncer le retour triomphal de son maître à Alcmène, la femme de celui-ci. Comme il a peur de la nuit noire, il commence à se parler à lui-même. Il n'aime pas sa condition d'esclave, mais admire son maître. Il s'entraîne ensuite à répéter son discours. C'est alors qu'il entend un bruit.

Scène 2

Sosie et Mercure qui a pris son apparence se rencontrent. Pour que Jupiter arrive à ses fins avec Alcmène, Mercure empêche Sosie de rentrer. Il tente de lui faire croire que c'est lui le vrai Sosie et finit même par le frapper. Sosie décide de retourner au port.

Scène 3

Jupiter a donc pris les traits d'Amphitryon. Il rencontre Alcmène. Celle-ci, heureuse de revoir celui qu'elle prend pour son mari le félicite de sa victoire. Elle finit par passer la nuit avec Jupiter. Ce dernier remonte ensuite au ciel et Mercure prévient la Nuit que le Soleil peut réapparaître.

Scène 4

Mercure, toujours sous les traits de Sosie décide de rejoindre Jupiter. Cependant Cléanthis, la femme du vraie Sosie le voit partir et, croyant qu'il s'agit de ce dernier, lui reproche son indifférence et son manque d'amour. Ils finissent par se disputer violemment et Mercure remonte au ciel.

ACTE II

Scène 1

Sosie rentre au port et lorsqu'il retrouve Amphitryon, il lui explique que son autre « lui » l'a empêché de rentrer et qu'il n'a donc pas pu parler à Alcmène. Ne croyant pas un mot de ce qu'il dit, Amphitryon décide de retrouver sa femme dès le lendemain matin et reste au port pour la nuit.

Scène 2

Le lendemain, le vrai Amphitryon rentre donc chez lui. Il s'attend à des retrouvailles passionnées avec sa femme, or celle-ci n'est pas étonnée de son retour puisqu'elle a passé toute la nuit avec lui. Amphitryon est d'autant plus surpris par ses propos qu'il a la preuve qu'il est resté au port toute la nuit : le frère d'Alcmène, son aide de camp, était avec lui. Ils se disputent donc et Amphitryon sort.

Scène 3

Sosie retrouve sa femme, Cléanthis. Ils se disputent à propos de ce qui s'est passé durant la nuit. Sosie ne comprend pas tout, d'autant plus qu'il ne l'a pas vu. Cléanthis, elle, est furieuse de son départ et de leur dernière dispute. L'arrivée d'Amphitryon les stoppe.

Scène 4

Jupiter redescend sur Terre. Métamorphosé de nouveau en Amphitryon, il tente d'apaiser Alcmène. Il trouve Cléanthis et lui demande où est sa maîtresse. Celle-ci, toujours sous le coup de la colère déclare qu'elle veut rester seule. Jupiter ne renonce pas pour autant.

Scène 5

Sosie et Cléanthis ne comprennent pas le comportement soudain bienveillant d'Amphitryon. Ils ne se rendent cependant pas compte de ce qu'il se passe. Cléanthis, de son côté, en profite pour pester contre les hommes.

Scène 6

Par la suite, Jupiter, qui a trouvé Alcmène, est surpris de constater qu'elle est furieuse. Il n'est pas au courant de la dernière dispute qu'elle a eu avec le vrai Amphitryon. Il tente alors de se faire pardonner les fautes du mari et ils se réconcilient. Jupiter l'invite ensuite à un diner.

Scène 7

Sosie tente de se réconcilier avec sa femme en prenant exemple sur le faux Amphitryon. Mais Cléanthis refuse son pardon et Sosie se met de nouveau en colère face à l'entêtement de sa femme.

ACTE III

Scène 1

Seul sur scène, Amphitryon s'apitoie sur son sort. Il se torture l'esprit, passant du déshonneur à l'orgueil, de l'orgueil à la jalousie. Mais supposant que ce qu'il s'est passé cette nuit n'est pas possible, il espère qu'Alcmène a perdu la raison.

Scène 2

Alors qu'il décide de rentrer chez lui, Amphitryon se retrouve face à Mercure toujours sous l'apparence de Sosie. Par défi, ce dernier refuse de le laisser rentrer chez lui. Il s'amuse de lui en le prenant tour à tour pour un inconnu, puis pour un ivrogne. Il finit par lui dire qu'un autre Amphitryon est à l'intérieur avec Alcmène.

Scène 3

Déshonorée en comprenant ce qu'il se passe, Alcmène se met donc en colère. Elle commence à établir des plans et trouve la seule solution à son remède : se venger. Elle décide de mettre son projet à exécution dès que possible.

Scène 4

Suite à un ordre de Jupiter-Amphitryon, les capitaines Naucratès et Polidas sont emmenés par Sosie au banquet organisé pour la réconciliation avec Alcmène. Sosie pense que tout est rentré dans l'ordre. Cependant, sur le chemin du retour, il croise le vrai Amphitryon qui le roue de coups pour avoir refusé de le laisser entrer dans sa demeure. Les deux capitaines expliquent alors à Amphitryon que Sosie n'a pas pu faire ça puisqu'il les accompagnait au diner organisé par lui-même. Amphitryon comprend alors qu'il y a du surnaturel.

Scène 5

Au banquet, le vrai et le faux Amphitryon se retrouvent. Amphitryon tente de tuer Jupiter pour laver son honneur. Cependant, personne ne sait qui est le vrai Amphitryon. Sosie en profite pour demander une trêve durant le repas. Jupiter annonce qu'il lèvera le mystère.

Scène 6

Suite à l'altercation, Mercure reprend l'apparence de Sosie et l'empêche d'entrer en cuisine pour faire apporter le banquet. Il tente de gagner du temps pour aider Jupiter.

Scène 7

Amphitryon souffre d'avoir été victime d'une manipulation. Il veut se venger suite aux conseils des deux capitaines. Sosie les rejoint. Il s'accuse de tous ces malheurs en repensant à la nuit où il n'a pas rejoint la demeure de son maître et veut être puni.

Scène 8

Cléanthis arrive et ne comprend pas ce qu'il se passe. Elle est surprise de constater qu'un Amphitryon est à l'étage avec Alcmène, tandis que l'autre, le vrai, est au rez-de-chaussée. Elle pense voir double ou perdre la raison.

Scène 9

Mercure qui a toujours l'apparence de Sosie dévoile enfin son vrai visage en expliquant qui il est. Il annonce ensuite que le roi des Dieux, Jupiter à « abuser » d'Alcmène et dévoile le stratagème de ce dernier pour se jouer d'Amphitryon. Il retourne ensuite au Ciel, sa mission étant terminée.

Scène 10

Jupiter réapparaît à son tour. Il explique qu'il n'est pas le vrai Amphitryon. Il ajoute cependant que ce dernier n'est pas dans une situation déshonorante, il est juste « cocu ». Et pas à cause de n'importe qui, mais du roi des Dieux. L'information ne réjouit guère le principal intéressé. Il annonce qu'Alcmène est enceinte et qu'elle attend Hercule. Puis, il part, sans qu'Amphitryon ne puisse se venger. Sosie conclut et tout le monde rentre chez lui.

LES RAISONS
DU SUCCÈS

Amphitryon, comédie en trois actes connait un succès moyen. Elle ne fait que moyennement recette, même si elle connait le succès lors de sa représentation aux Tuileries. Cependant la troupe de Molière la fait figurer ponctuellement dans son répertoire. Quant au thème, il va inspirer de nombreux dramaturges, tels que John Dryden avec son *Amphitryon ou les deux sosies* (1690), puis Heinrich von Kleist, *Amphitryon* (1807) ou encore Jean Giraudoux et le célèbre *Amphitryon 38* que Louis Jouvet a mis en scène au début du XXe siècle. La popularité de la pièce est telle que les personnages de Sosie et Amphitryon sont passés dans le langage commun. Sosie est donc devenu une personne ressemblant à une autre et un amphitryon est un hôte qui offre un dîner. Bien qu'elle ne soit pas sans rappeler les mœurs de la Cour, la scène où le vrai Amphitryon comprend qu'il a été trompé est accueillie sous les rires des spectateurs. Plus tard, Paul Léautaud dira : « Amphitryon, c'est l'apothéose du cocu. Il y a dans les vers de Molière, dans cette œuvre, avec une grâce et une sensualité infinie, une moquerie et une bouffonnerie irrésistible. » Mais certains critiques soulèvent une question, d'autant plus que le style de Molière est différent pour cette pièce, aurait-il été influencé par Corneille, son contemporain ? Aucune preuve pour l'attester, mais on sait que Molière a subi les influences de plusieurs auteurs et travaillé en collaboration avec d'autres, tel que Lully. D'autres soulignent qu'Amphitryon serait la version plus « comique » de Dom Juan puisqu'ici, le séducteur à la vie sauve.

On retiendra la critique d'un journaliste de l'époque, Robinet, concernant la pièce :

« [...] L'aimable enjouement du comique,
Et les beautés de l'héroïque,

Les intrigues des passions,
Et bref, les décorations
Avec des machines volantes,
Plus que des astres éclatantes
Font un spectacle si charmant,
Que je ne doute nullement
Que l'on y coure en foule extrême,
Bien par-delà la mi-carême. »

Molière joua le personnage de Sosie. Et il est important de constater que l'intérêt que la pièce a suscité est aussi importante pour l'auteur puisque, peu avant, *Le Tartuffe* avait été refusé, il sortait donc d'une bataille pour cette pièce. Contrairement à son habitude, Molière s'inspire ici d'une œuvre latine de Plaute. On notera que l'histoire fait ainsi référence à une vraie légende antique sur la naissance d'Hercule.

LES THÈMES
PRINCIPAUX

La tromperie est le thème majeur de cette pièce où Jupiter use de son pouvoir pour se faire passer pour un autre, le vrai Amphitryon se retrouvant donc dans la situation du mari cocu. L'histoire est une comédie à clés dont l'histoire serait directement liée à l'histoire de Louis XIV avec Madame de Montespan. Seulement, le seul argument sérieux, comme le souligne le critique, Michel Autrand, c'est la concordance chronologique. On peut aussi se demander si Molière ne fait pas référence à sa propre condition de mari trompé, puisqu'à la même époque, il apprend les infidélités de sa femme, Armande Béjart. Molière analyse ici le sort du mari trompé avec finesse et intelligence. Les effets de double accentuent la « perte d'identité », puisque l'amant peut aisément prendre la place de l'époux qui perd toute légitimité. On remarque également les rapports d'infériorité et supériorité entre les personnages. La pièce est donc également construite sur le contraste entre les dieux et les hommes, les Grands et les serviteurs. L'opposition des doubles met donc en évidence l'opposition maître et valet, chère à l'auteur, mais aussi, peuple et aristocratie, hommes et dieux. Sosie n'est d'ailleurs pas sans rappeler Sganarelle. Et on sent déjà à travers l'imposante image des dieux, les partis pris de Molière face à la religion. Une fois encore cette pièce fait écho au fameux Dom Juan.

ÉTUDE DU MOUVEMENT LITTÉRAIRE

L'âge Baroque est ce que l'on pourrait qualifier d'âge d'or du théâtre. Il prend son ampleur en Espagne et en Italie, notamment avec la Commedia dell'arte. Le mot Baroque vient de « barroco » qui signifie perte de forme irrégulière. Le mouvement apparaît à la fin du XVIe siècle pour s'achever au milieu du XVIIe siècle. Lié à la Contre-réforme, il couvre une grande sphère non seulement en France, mais aussi en Espagne avec le dramaturge Calderon ou Lope de Vega, en Angleterre avec Shakespeare ou encore Marino en Italie. Avant d'être un mouvement littéraire, le baroque est issu de la critique d'art. En France, il se manifeste notamment dans l'art de la cour de Louis XVI. Il se caractérise par une sensibilité extrême à la transformation perpétuelle des êtres et des choses et à ce que provoque celle-ci. Le mouvement baroque et celui du classicisme entretiennent en France des relations de confrontation qu'il est important de relever puisque certains auteurs, tel que Molière ont écrit des œuvres qui pouvaient s'identifier tantôt à l'une, tantôt à l'autre. Molière n'est pas le seul puisque Corneille ou Pascal relèvent conjointement des deux esthétiques.

Cependant, il s'agit de deux sensibilités différentes. Le baroque souligne ainsi l'inconstance du monde et l'écoulement du temps : les mouvements et de préférence les courbes des corps dans l'espace, leurs métamorphoses (que l'on retrouve dans des pièces telles que *Dom Juan* ou *Amphitryon* de Molière) et les évanescences dans le temps, leur fluidité et la fragilité de leur consistance. Il efface volontairement les frontières notamment de la vie et de la mort, le vrai et le faux ou encore le rêve et la réalité. Il voit le monde comme un théâtre et la vie comme une comédie (*L'Illusion comique* de Corneille). Le baroque aime la surprise, l'ostentation, la dramatisation, parfois dans la violence, de l'héroïsme, de l'amour et également de la mort. Pour le mouvement, les êtres sont tous hétérogènes, ainsi que les sentiments et les situations. On retrouve partout des tonalités diverses et parfois même contradictoires. On y trouve ainsi des antithèses, des décalages, des hyperboles, mais surtout des métaphores qui permettent de relier des univers différents. Préciosité et burlesque dérivent de cette sensibilité baroque.

Les auteurs baroques apprécient les architectures complexes mais soigneusement calculées qui montrent son inventivité et sa dextérité. Ils pensent que l'esprit peut maîtriser ses œuvres. Le baroque s'oriente sur une multiplication des points de vue. C'est un art savant qui met la raison au service du mouvement et de la couleur.

A son sujet, Montaigne déclarera : « Toute humaine nature est toujours au milieu, entre le naître et le mourir, ne baillant de soi qu'une obscure apparence et ombre, et une incertaine débile opinion. »

DANS LA MÊME COLLECTION
(par ordre alphabétique)

- **Anonyme**, *La Farce de Maître Pathelin*
- **Anouilh**, *Antigone*
- **Aragon**, *Aurélien*
- **Aragon**, *Le Paysan de Paris*
- **Austen**, *Raison et Sentiments*
- **Balzac**, *Illusions perdues*
- **Balzac**, *La Femme de trente ans*
- **Balzac**, *Le Colonel Chabert*
- **Balzac**, *Le Lys dans la vallée*
- **Balzac**, *Le Père Goriot*
- **Barbey d'Aurevilly**, *L'Ensorcelée*
- **Barbey d'Aurevilly**, *Les Diaboliques*
- **Bataille**, *Ma mère*
- **Baudelaire**, *Les Fleurs du Mal*
- **Baudelaire**, *Petits poèmes en prose*
- **Beaumarchais**, *Le Barbier de Séville*
- **Beaumarchais**, *Le Mariage de Figaro*
- **Beauvoir**, *Mémoires d'une jeune fille rangée*
- **Beckett**, *En attendant Godot*
- **Beckett**, *Fin de partie*
- **Brecht**, *La Noce*
- **Brecht**, *La Résistible ascension d'Arturo Ui*
- **Brecht**, *Mère Courage et ses enfants*
- **Breton**, *Nadja*
- **Brontë**, *Jane Eyre*
- **Camus**, *L'Étranger*
- **Carroll**, *Alice au pays des merveilles*
- **Céline**, *Mort à crédit*

- **Céline**, *Voyage au bout de la nuit*
- **Chateaubriand**, *Atala*
- **Chateaubriand**, *René*
- **Chrétien de Troyes**, *Perceval*
- **Cocteau**, *Les Enfants terribles*
- **Colette**, *Le Blé en herbe*
- **Corneille**, *Le Cid*
- **Crébillon fils**, *Les Égarements du cœur et de l'esprit*
- **Defoe**, *Robinson Crusoé*
- **Dickens**, *Oliver Twist*
- **Du Bellay**, *Les Regrets*
- **Dumas**, *Henri III et sa cour*
- **Duras**, *L'Amant*
- **Duras**, *La Pluie d'été*
- **Duras**, *Un barrage contre le Pacifique*
- **Flaubert**, *Bouvard et Pécuchet*
- **Flaubert**, *L'Éducation sentimentale*
- **Flaubert**, *Madame Bovary*
- **Flaubert**, *Salammbô*
- **Gary**, *La Vie devant soi*
- **Giraudoux**, *Électre*
- **Giraudoux**, *La Guerre de Troie n'aura pas lieu*
- **Gogol**, *Le Mariage*
- **Homère**, *L'Odyssée*
- **Hugo**, *Hernani*
- **Hugo**, *Les Misérables*
- **Hugo**, *Notre-Dame de Paris*
- **Huxley**, *Le Meilleur des mondes*
- **Jaccottet**, *À la lumière d'hiver*
- **James**, *Une vie à Londres*
- **Jarry**, *Ubu roi*
- **Kafka**, *La Métamorphose*
- **Kerouac**, *Sur la route*

- **Kessel**, *Le Lion*
- **La Fayette**, *La Princesse de Clèves*
- **Le Clézio**, *Mondo et autres histoires*
- **Levi**, *Si c'est un homme*
- **London**, *Croc-Blanc*
- **London**, *L'Appel de la forêt*
- **Maupassant**, *Boule de suif*
- **Maupassant**, *Le Horla*
- **Maupassant**, *Une vie*
- **Molière**, *Dom Juan*
- **Molière**, *L'Avare*
- **Molière**, *Le Malade imaginaire*
- **Molière**, *Le Tartuffe*
- **Molière**, *Les Fourberies de Scapin*
- **Musset**, *Les Caprices de Marianne*
- **Musset**, *Lorenzaccio*
- **Musset**, *On ne badine pas avec l'amour*
- **Perec**, *La Disparition*
- **Perec**, *Les Choses*
- **Perrault**, *Contes*
- **Prévert**, *Paroles*
- **Prévost**, *Manon Lescaut*
- **Proust**, *À l'ombre des jeunes filles en fleurs*
- **Proust**, *Albertine disparue*
- **Proust**, *Du côté de chez Swann*
- **Proust**, *Le Côté de Guermantes*
- **Proust**, *Le Temps retrouvé*
- **Proust**, *Sodome et Gomorrhe*
- **Proust**, *Un amour de Swann*
- **Queneau**, *Exercices de style*
- **Quignard**, *Tous les matins du monde*
- **Rabelais**, *Gargantua*
- **Rabelais**, *Pantagruel*

- **Racine**, *Andromaque*
- **Racine**, *Bérénice*
- **Racine**, *Britannicus*
- **Racine**, *Phèdre*
- **Renard**, *Poil de carotte*
- **Rimbaud**, *Une saison en enfer*
- **Sagan**, *Bonjour tristesse*
- **Saint-Exupéry**, *Le Petit Prince*
- **Sarraute**, *Enfance*
- **Sarraute**, *Tropismes*
- **Sartre**, *Huis clos*
- **Sartre**, *La Nausée*
- **Senghor**, *La Belle histoire de Leuk-le-lièvre*
- **Shakespeare**, *Roméo et Juliette*
- **Steinbeck**, *Les Raisins de la colère*
- **Stendhal**, *La Chartreuse de Parme*
- **Stendhal**, *Le Rouge et le Noir*
- **Verlaine**, *Romances sans paroles*
- **Verne**, *Une ville flottante*
- **Verne**, *Voyage au centre de la Terre*
- **Vian**, *J'irai cracher sur vos tombes*
- **Vian**, *L'Arrache-cœur*
- **Vian**, *L'Écume des jours*
- **Voltaire**, *Candide*
- **Voltaire**, *Micromégas*
- **Zola**, *Au Bonheur des Dames*
- **Zola**, *Germinal*
- **Zola**, *L'Argent*
- **Zola**, *L'Assommoir*
- **Zola**, *La Bête humaine*
- **Zola**, *Nana*
- **Zola**, *Pot-Bouille*